Crédits photographiques :
Couverture : Bios - Klein/Hubert
Page de titre : Bios - Mafart/Renodier
7 : Bios - Klein/Hubert (h et b) - 8 : Colibri - A.M. Loubsens
9 : Bios - C. Ruoso - 10 : Bios - M. Harvey
11 : Colibri - A.M. Loubsens - 12 : Bios - R. Cavignaux
13 : Bios - Seitre (h), Colibri - Negro-Cretu (b)
Collection dirigée par Hélène Montardre
Conseiller scientifique : Philippe Dubois

Le petit koala

Texte de Laure de Bailliencourt
illustré par Amélie Veaux et Laurent Audouin

Comment naît le bébé koala ?

À la naissance, le bébé koala ne mesure que 2 cm. Il est tout rose et pas plus grand qu'un grain de raisin. Il s'agrippe à la fourrure de sa maman et rentre vite dans la poche qui sera sa chambre durant 6 mois.

Maman koala a, sur le ventre, une poche qui s'ouvre vers le bas.

C'est là que le petit koala peut téter le lait maternel et rester au chaud, car il n'a pas encore de fourrure.

Quel est l'endroit de la maison où tu te sens le mieux protégé ?

Pour le petit koala, c'est la poche de sa maman. Il en sort de temps en temps pour se promener sur sa fourrure. Mais dès qu'il a faim ou sommeil, il rentre dans la poche, à l'abri de tous les dangers.

Vers 6 mois, il a enfin une fourrure qui lui permet de sortir sans avoir froid.

Mais il ne s'éloigne pas trop de sa maman qui le nourrit encore.

Où est la maison du petit koala ?

Vers l'âge de 8 mois, le petit koala est suffisamment grand pour se nourrir tout seul. Alors, il se déplace très lentement dans l'arbre où habite sa famille : un eucalyptus. C'est à la fois sa maison et son épicerie !

Les pattes du koala sont spécialement faites pour s'accrocher aux branches.

Ses mains possèdent trois doigts et deux pouces avec de longues griffes, un peu comme des crochets !

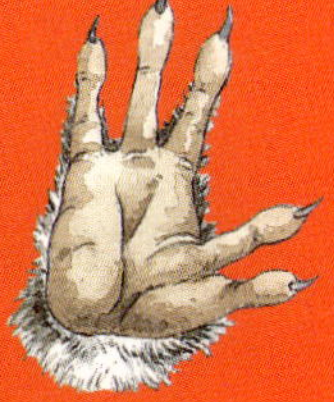

Lequel de tes cinq sens utilises-tu le plus ?

Le koala se sert beaucoup de son nez. Il s'en sert pour reconnaître les bonnes feuilles car ses yeux ne sont pas très perçants et beaucoup moins efficaces que les tiens !

Le petit koala sait aussi sauter dans l'arbre voisin avec beaucoup d'habileté.

Il est bien plus difficile, pour lui, de descendre jusqu'en bas.

Quelles sont les activités du petit koala ?

Dormir, dormir et encore dormir ! Le petit koala s'installe à la fourche des grosses branches d'eucalyptus, comme dans un hamac. Le voilà parti pour une bonne journée de sommeil. Sa fourrure lui sert de couverture.

Pourrais-tu rester longtemps sans boire ?

Le mot « koala » signifie « l'animal qui ne boit pas ». Mais ce n'est pas tout à fait vrai ! Les feuilles d'eucalyptus contiennent bien assez d'eau pour le petit koala.

La nuit, le petit koala se déplace de branche en branche pour choisir ses feuilles préférées.

Et ce gourmand en mange énormément !

Quand il n'y a plus de feuilles, le petit koala change d'arbre.

Il doit être prudent et se méfier du dingo, un chien sauvage pas très gentil avec les petits koalas.

Où peux-tu voir des petits koala ?

Tu devras faire un long voyage pour voir des petits koalas. Ils vivent très loin d'ici, dans certaines régions d'un autre continent qui s'appelle l'Australie. Et ils restent toujours perchés très haut dans leurs arbres !

Le bébé koala est un animal très câlin et très doux.

Il s'entend très bien avec les hommes qui le traitent gentiment.

Quel animal représente ta peluche préférée ?

Les koalas ressemblent à des nounours. Mais ils ne savent pas se défendre aussi bien que les ours ! Aujourd'hui, ce sont les hommes qui les protègent et qui replantent de nombreux eucalyptus pour qu'ils puissent y vivre heureux.

Certains humains essayent d'adopter des bébés koalas. Mais ils doivent très bien connaître ses feuilles préférées. En effet, il existe des centaines d'espèces d'eucalyptus différentes ; certaines d'entre elles ont des feuilles qui sont du poison pour les koalas.

ISBN 2-84507-078-0
Dépôt légal : janvier 2001
Conforme à la loi n° 49.956 du 16 juillet 1949
sur les publications destinées à la jeunesse
Imprimé en UE

KOUKI
change de maison

Texte de Laure de Bailliencourt
illustré par Amélie Veaux

– Mais maman, pourquoi
devons-nous changer d'arbre ?
demande Kouki, la petite Koala.
Kouki est née dans un eucalyptus.
Elle en connaît toutes les branches par cœur.
Mais maintenant que les meilleures feuilles ont été mangées,
la famille doit déménager si elle ne veut pas mourir de faim !
Alors, maman a demandé à Kouki de trouver l'arbre qui sera
leur prochaine maison.

Kouki commence à descendre tranquillement ;

à la vitesse d'un koala, c'est-à-dire très lentement !

Elle entoure bien le tronc de ses pattes griffues.

Maman lui crie :

– Méfie-toi des dingos ! Ils sont dangereux et rapides.

– Je n'ai même pas peur ! se vante Kouki.

Au pied de l'arbre, Kara, son amie kangourou, l'attend.

– Bonjour ! dit-elle.

– Bonjour ! répond Kouki.

– Tu viens jouer avec moi ? propose Kara en sautant sur ses grandes pattes.

– Impossible ! dit Kouki. Je dois trouver une nouvelle maison.

– Une maison comment ? demande Kara, curieuse.

– Un eucalyptus aussi haut que celui-ci mais avec beaucoup plus de feuilles, explique Kouki, l'air gourmand.

– De l'autre côté de la plaine,
il y a un petit bois, dit Kara.

– Tu veux bien m'y conduire ?
demande Kouki.

– Si tu veux. Mais si on rencontre
un dingo, il faudra courir très vite !

Les voilà parties ! Mais Kouki marche à la vitesse d'un koala, c'est-à-dire très très lentement.

À ses côtés, Kara s'impatiente : la plaine est grande !

– C’est quoi, cet animal ? demande Kouki tout à coup.

Kara se redresse :

– C’est un dingo ! N’aie pas peur : nous sommes deux, il n’osera pas approcher.

– En voici un deuxième ! s'exclame Kouki.

– Plus vite ! Plus vite ! la bouscule Kara

en sautant autour d'elle.

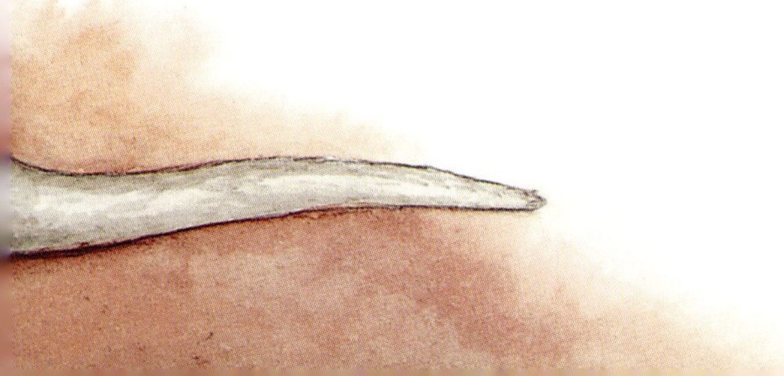

Mais Kouki est incapable de marcher plus vite !

– J'ai une idée ! dit Kara. Viens dans ma poche.

– Ça me rappelle la poche de maman, dit Kouki en s'installant. Mais la tienne est plus grande.

– Tu es prête ? C'est parti !

Et voilà Kara qui s'en va à grands bonds vers le bois d'eucalyptus. Kouki s'accroche de ses quatre pattes exactement comme elle le faisait dans la fourrure de maman quand elle était bébé.

– Voilà ton arbre ! dit Kara.
Monte vite avant que les dingos ne nous rattrapent.
Kouki s'accroche au tronc et commence à grimper dans sa nouvelle maison à la vitesse d'un koala, c'est-à-dire très très très lentement...
À l'orée du bois, les dingos aboient.
Mais ils n'osent pas s'approcher : Kara leur fait peur.
– Merci Kara ! crie Kouki du haut de l'arbre. Tu donneras ma nouvelle adresse à maman ?
– Compte sur moi, dit Kara.
Et je serai ton amie taxi quand tu voudras !

fin